U0673694

农村美好环境与幸福生活共同缔造工作指南

住房和城乡建设部村镇建设司　组织

李　郇　陈　伟　黄耀福　编写

中国建筑工业出版社

图书在版编目（CIP）数据

农村美好环境与幸福生活共同缔造工作指南／住房和城乡建设
部村镇建设司组织 . —北京：中国建筑工业出版社，2018.12（2022.9重印）
（农村美好环境与幸福生活共同缔造系列技术指南）
ISBN 978-7-112-23001-3

I.①农… II.①住… III.①农村生态环境—环境管理—工作
方法—中国—指南②农村—社会主义建设—工作方法—中国—指
南 IV.①F323.22-62②F320.3-62

中国版本图书馆CIP数据核字（2018）第266492号

总 策 划：尚春明
责任编辑：朱晓瑜 石枫华 李 明 李 杰
责任校对：王 烨

农村美好环境与幸福生活共同缔造系列技术指南
农村美好环境与幸福生活共同缔造工作指南
住房和城乡建设部村镇建设司 组织
李 郇 陈 伟 黄耀福 编写
＊
中国建筑工业出版社出版、发行（北京海淀三里河路9号）
各地新华书店、建筑书店经销
北京点击世代文化传媒有限公司制版
北京富诚彩色印刷有限公司印刷
＊
开本：850×1168毫米 1/32 印张：2⅝ 字数：51千字
2019年3月第一版 2022年9月第六次印刷
定价：32.00元
ISBN 978-7-112-23001-3
（33026）
版权所有 翻印必究
如有印装质量问题，可寄本社退换
（邮政编码 100037）

丛书编委会

主　编： 卢英方

副主编： 尚春明

编　委：

王旭东　　白正盛　　张晓鸣　　侯文峻

苗喜梅　　陈　伟　　王　欢　　鞠宇平

卫　琳　　马　楠　　李　华　　李　郁

熊　燕　　丁　奇　　赵　辉　　彭小雷

宋晓龙　　欧阳东　　石枫华　　李　明

李　杰　　朱晓瑜　　汪政超　　秦红蕾

前　言

　　党的十九大明确指出，打造共建共治共享的社会治理格局，并对实施脱贫攻坚和乡村振兴做出决策部署。但在城市化的快速进程中，乡村的基层组织弱化、社会关系趋于破碎，传统的生产方式使得农民的家庭意识强、公共意识弱，对公共环境的整治无所谓或者无能为力；而社会组织的缺位使得农民难以被组织起来共同创造幸福生活，人居环境得不到有效治理。

　　为进一步落实十九大的精神，住房城乡建设部在部定点扶贫县开展农村美好环境与幸福生活共同缔造试点工作。实践表明，共同缔造是实施脱贫攻坚、乡村振兴和促进治理能力与治理体系现代化行之有效的方法。通过共同缔造，建立和完善了全覆盖的基层党组织为核心，"纵向到底、横向到边、协商共治"的乡村治理体系；探索了"共谋、共建、共管、共评、共享"的工作路径；实现了市、县、镇的资源与村的需求充分对接，激发了村民的积极性与主动性，转变了传统乡村建设"工程化""盆景化""城市化"的错误倾向，探索出了各具特色、具有内生动力的乡村振兴之路。

　　为进一步推广试点经验，特编制《农村美好环境与幸福生活共同缔造工作指南》，从共同缔造的内涵、原则、工作方法、案例等方面展开介绍。工作指南有利于广大乡村工作者、各级领导干部、村民更好掌握共同缔造的方法，科学有序推进脱贫攻坚和乡村振兴。

目　录

一 新时代要求

党的十九大确立了习近平新时代中国特色社会主义思想的历史地位，描绘了决胜全面建成小康社会、开启全面建设社会主义现代化国家新征程、实现中华民族伟大复兴的宏伟蓝图。十九大指出，加强社会治理制度建设，完善党委领导、政府负责、社会协同、村民参与、法治保障的社会治理体制，**打造共建共治共享的社会治理格局**。要不断满足人民日益增长的美好生活需要，形成有效的社会治理、良好的社会秩序，使人民获得感、幸福感、安全感更加充实、更有保障、更可持续。实施乡村振兴战略，是决胜全面建成小康社会、全面建设社会主义现代化国家的重大历史任务。按照**产业兴旺、生态宜居、乡风文明、治理有效、生活富裕的总要求**，建立健全城乡融合发展体制机制和政策体系，加快推进农业农村现代化。

《**中共中央 国务院关于实施乡村振兴战略的意见**》提出，**乡村振兴要坚持农民的主体地位，构建乡村治理新体系**。意见提出了八项原则：要坚持党管农村工作，坚持农业农村优先发展，坚持农民主体地位，坚持乡村全面振兴，坚持城乡融合发展，坚持人与自然和谐共生，坚持因地制宜、循序渐进。

《农村人居环境整治三年行动方案》提出到 2020 年，实现农村人居环境明显改善，村庄环境基本干净整洁有序，村民环境与健康意识普遍增强。在农村人居环境整治中，要以"村民主体、激发动力"为原则，尊重村民意愿，根据村民需求合理确定整治优先顺序和标准。**建立政府、村集体、村民等各方共谋、共建、共管、共评、共享机制。**

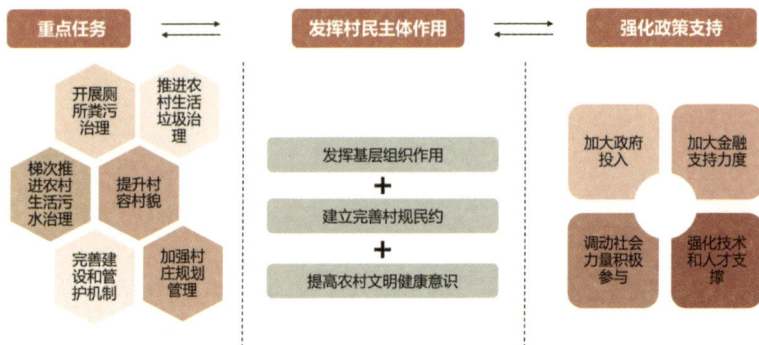

《农村人居环境整治三年行动方案》重点内容示意

习近平总书记批示："**不搞政绩工程、形象工程，一件事情接着一件事情办，一年接着一年干**""**建设好生态宜居的美丽乡村，让广大农民在乡村振兴中有更多获得感、幸福感**"。2003 年 6 月，在时任浙江省委书记习近平同志的倡导和主持下，以农村生产、生活、生态的"三生"环境改善为重点，浙江在全省启动"千万工程"，开启了以改善农村生态环境、提高农民生活质量为核心的村庄整治建设大行动。15 年来，浙江省久久为功，扎实推进"千万工程"，造就了万千美丽乡村，取得了显著成效，带动浙江乡村整体人居环境领先全国。2018 年 4 月，习近平总书记作出重要指示，"要结合实施农村人居环境整治三年行动计划和乡村振兴战略，进一步推广浙江好的经验做法，建设好生态宜居的美丽乡村"。美丽乡村共同缔造是长期提高社会治理能力的过程，需要通过最大限度调动和激发各方面的主动性、积极性和创造性，才能更好地改善人居环境。

二 农村美好环境与幸福生活共同缔造的意义

（一）农村美好环境与幸福生活共同缔造的内涵

美好环境与幸福生活共同缔造活动，是以城乡社区为基本单元，以改善群众身边、房前屋后人居环境的实事、小事为切入点，以建立和完善全覆盖的基层党组织为核心，以构建"纵向到底、横向到边、协商共治"的城乡治理体系、打造共建共治共享的社会治理格局为路径，发动群众"共谋、共建、共管、共评、共享"，建设美好家园、凝聚社会共识、塑造共同精神。

（二）开展农村美好环境与幸福生活共同缔造的意义

在快速的城市化进程中，城市化的拉力吸引乡村劳动力大量外流，同时村民越来越关注的是自身家庭富裕，村民之间的联系逐渐减弱，传统乡村集体组织涣散，基层治理日渐破碎。马克思提到，人和人的关系是人在生产的活动中建立的。在美好环境与幸福生活共同缔造中，乡村人居环境是村民关心的重要空间，从产权角度看属于集体所有。通过房前屋后、街头巷尾等公共空间的改善活动，真正把村民动员起来，重新凝聚人与人之间的关系。农村美好环境与幸福生活需要通过共同缔造，调动各方积极性，改善人居环境。人居环境的整治和维持最终要依靠人进行。人则是一定社会关系中的人。只有通过最大限度调动和激发各方面的主动性、积极性和创造性，才能更好地推进人居环境整治这一世界难度工程的实施。因此需要以共建、共治、共享的方式创新社会治理。

▶ **（三）农村美好环境与幸福生活共同缔造的愿景**

通过农村美好环境与幸福生活共同缔造，改善农村人居环境，提高村民认同感，建立未来发展共识，从而实现"产业兴旺、生态宜居、乡风文明、治理有效、生活富裕"的美好愿景。

农村美好环境与幸福生活
共同缔造愿景图

三 农村美好环境与幸福生活共同缔造的原则

农村美好环境与幸福生活共同缔造是实现乡村振兴的认识论和方法论，旨在促进美好环境与幸福生活的共同发展，建设以人为本的乡村，是政府、村民、规划师等协商共治、建设美好人居环境的行动，从而打造共建、共治、共享的社会治理格局。

共同缔造核心在党建，基础是自然村，村民为主体，参与是关键，制度做保障，从而构建党委领导下纵向到底、横向到边、协商共治的治理体系。

▶ （一）核心在党建

坚持党管农村工作，扩大党的组织和工作在农村基层的有效覆盖，加强行政村大党委（党总支）对村民小组工作的全面领导。

▶ （二）基础是自然村

自然村是共同缔造的基本单元，以自然村为基础能够更好地调动广大村民参与社会治理、乡村振兴的积极性；同时通过自然村能够将基层治理覆盖到各家各户，提高基层社会治理水平。

▶ （三）村民为主体

只有生活在本地的村民，才最能体会自己生活中存在的问题，才清楚有哪些紧迫的需要。让村民自己管理自己，改善村庄环境，提升生活质量，才能真正符合村民对美好生活的向往目标，通过共同缔造满足村民对美好生活的不断需求。

▶ （四）参与是关键

参与是共同缔造的重要内涵，需要以"共同"的理念和方法来开展社会治理，搭建多种参与平台，让村民充分发挥其主体作用，践行党的群众路线，变政府唱主角为村民唱主角，变为民做主为由民做主。

▶ （五）制度作保障

通过制度建设彰显乡村传统文化，形成乡风淳朴的社会风尚。村规民约对村民具有更强的约束力，也是村民认同感的体现。

在农村美好环境与幸福生活共同缔造过程中，**"共谋、共建、共管、共评、共享"**的工作方法贯穿始终。只有村民一起讨论某件事情，共同参与规划、建设后，才会觉得是自己的事情，才愿意管理这件事情。管理好这个事情以后，村民才能评价共同缔造，享受共同缔造的成果。

四、农村美好环境与幸福生活共同缔造的工作方法

　　在开展美好环境与幸福生活共同缔造中，首先需要确定试点，以试点先行形成示范效应，更容易带动周围村庄形成共同缔造的良好风尚。试点以自然村为基本单位，选取试点自然村时建议参考以下要点：①试点所在区县／镇街具备良好的资金、部门统筹与协调能力，群众动员能力强，对共同缔造活动具有较高的积极性；②自然村具有一定组织基础，居民参与意识较强；③自然村问题具有代表性，通过试点探索能够为全区推广形成较好的经验；④自然村尺度规模适宜，人口分布相对集中，具备一定向心力；⑤自然村具备发展产业的基础，或者自然村具有较好文化、传统工艺等特色资源。

（一）纵向到底

1. 党的领导纵向到底，政府的服务纵向到底

　　（1）**建立一根红线穿到底的纵向机制**。推动农村党建根基延伸到最基层，将党的领导从市／县党委到镇党委到村党支部到每位党员贯彻到底，将政府服务从县政府到镇政府到村委会到村庄组织到每一位村民服务到底。

　　（2）**扩大党的组织和工作在农村基层的有效覆盖**。在农村社区，推动建立自然村社区党支部，再与行政村大党委（党总支）对接。

　　（3）**促进政府服务纵向到底**。明确县－镇职责，设立一站式服务窗口，实行"一窗多能、全科服务"便民服务流程，实现一口受理、一门办理、一站办结。

体制：纵向到底

党的领导纵向到底

政府的服务纵向到底

市规划

县统筹

镇服务

以自然村为基本单元

方式方法：
协商共治

| 决策共谋 | 发展共建 | 建设共管 | 效果共评 | 成果共享 |

机制：横向到边

把每个村民都纳入社会组织
让每个社会组织都参与村庄治理

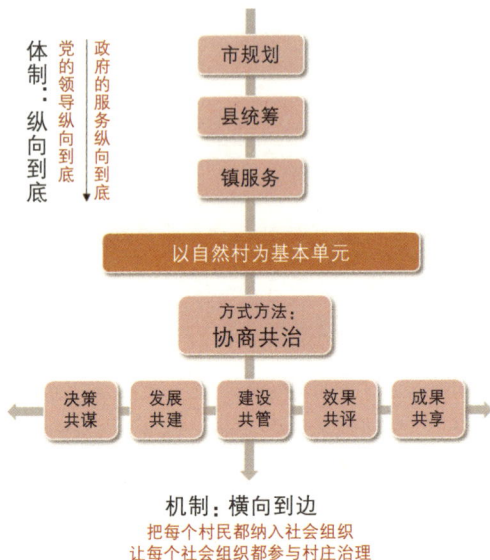

党委领导下纵向到底、横向到边、协商共治机制示意图

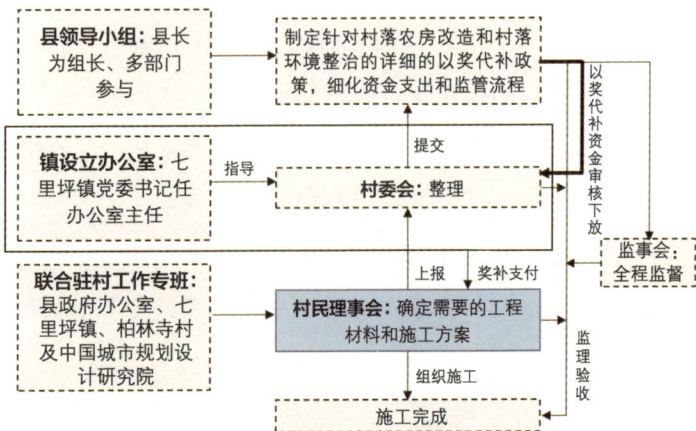

县领导小组：县长为组长、多部门参与 → 制定针对村落农房改造和村落环境整治的详细的以奖代补政策，细化资金支出和监管流程

镇设立办公室：七里坪镇党委书记任办公室主任

指导

提交

村委会：整理

以奖代补资金审核下放

监事会：全程监督

联合驻村工作专班：县政府办公室、七里坪镇、柏林寺村及中国城市规划设计研究院

上报

奖补支付

村民理事会：确定需要的工程材料和施工方案

监理验收

组织施工

施工完成

湖北省黄冈市柏林寺村美好环境与幸福生活共同缔造机制流程示意图

（资料来源：中国城市规划设计研究院《湖北省黄冈市红安县柏林寺村美好环境与
幸福生活共同缔造示范规划》）

2. 强化统筹推进，激发职能部门和村民建设合力

明确涉及农村工作的各部门职责，强化统筹推进，将部门任务清单同美好环境与幸福生活共同缔造结合起来，通过"大专项"统筹各职能部门工作任务和工作职责,实现"渠道不乱、用途不变、各负其责、各记其功"的农村美好环境与幸福生活共同缔造机制。

案例 4-1：清远市统筹职能部门经验

广东省清远市构建美好环境与幸福生活共同缔造机制，市政府以美好环境与幸福生活共同缔造建设为平台，统筹制定各部门支持指导整治工作的任务清单，形成了"渠道不乱、用途不变、各负其责、各记其功"的机制。清远市成立由市委市政府领导任组长，组织、宣传、农办、规划、住房城乡建设、国土、财政、农业、旅游、林业、环保、交通、水务、科技、卫生、文化广电、教育、民政、人社、妇联、团委、爱卫办、扶贫办等有关部门主要负责同志为成员的清远市工作领导小组，统筹领导和组织全市农村美好环境与幸福生活建设工作。领导小组办公室（美丽乡村办）设在市委农办，负责组织开展日常工作，从市规划、住房城乡建设、农业、国土、旅游等部门抽调人员并配备政府雇员开展工作。领导小组下设规划编制、环境整治、涉农资金整合、乡村旅游、特色生态产业、农村综合改革六个专责工作组，分别由市城乡规划局、市住房城乡建设管理局、市财政局、市旅游局、市农业局、市委农办牵头负责。

广东省清远市在美好环境与幸福生活共同缔造方面卓有成效，通过"三个明确"强化乡村统筹工作：一是明确政府职责。注重厘清政府发挥作用的途径，明确政府的主要职责是出方案、定标准、严考核，按整洁村、示范村、特色村、生态村、美丽田园五个梯度，把创建工作指标一项项具体细化；二是明确部门定位。以大专项统筹各职能部门工作任务和工作职责，将部门任务清单纳入创建指标体系，实现"渠道不乱、用途不变、各负其责、各记其功"的建设机制；三是明确创

建主体。农民是美好环境与幸福生活共同缔造的最大受益者，农民也是共同缔造的主体。

3. 整合涉农资金，实施以奖代补的激励政策

（1）以县为单位，设立涉农资金大专项，将原来分散在不同部门、不同项目、不同渠道的涉农资金统筹起来，注入一个资金池，整合成农业综合发展、农业生产发展、水利发展、林业改革发展、农村社会发展、扶贫开发等专项内容。

（2）建立以奖代补制度，用于奖励具有正面影响性、公益性、成效好、参与度高的乡村建设类项目、服务类项目、活动类项目等，调动村民、企业、社会组织等共同缔造的积极性。

案例 4-2：清远市整合涉农专项资金经验

清远市充分发挥其作为全国涉农资金整合优化试点市的契机，整合优化各级涉农资金，支持美好环境与幸福生活共同缔造。通过"大专项"捆绑财政涉农资金，建立"一池一库六类别"涉农资金整合机制，通过项目载体统筹"任务清单"。县（市、区）建立完善的本地区农业农村发展项目库，以项目为整合涉农资金的承接平台。通过财政资金撬动金融资本。将涉农资金整合后作为资本金，融资放大 4 倍于资本金的信贷资金投入项目建设。

4. 建立差异化的指标考核体系

政府在开展农村美好环境与幸福生活共同缔造活动中，需要因地制宜，考虑不同村庄特色，拟定差异化的指标考核体系。

案例 4-3：清远市实行"梯度创建"，建立差异化指标

清远市结合"创新、协调、绿色、开放、共享"五大理念，提出生态宜居、产业兴旺、富民兴村、治理有效、乡风文明五大创建工程，并制定了整洁村、示范村、特色村、生态村、美丽田园五大梯度，各梯次创建指标由低向高、由易及难。如清远市梯度创建指标表所示，整洁村注重基础好、自治强、村容洁，因此"生态宜居"占比最高，达到75分；示范村强调规划好、设施全、乡村淳，"生态宜居"为56分；特色村强调产业强、百姓福、文化兴，因此"富民兴村"比例达到19分；生态村强调青山碧、绿水秀、乡愁驻，在"产业兴旺""富民兴村""治理有效"等比例相对均衡；美丽田园则是最高梯度，强调治理有效、适度规模、三生同步、三产融合，各项指标均为20分，强调均衡、可持续发展。

清远市梯度创建指标表

梯度	整洁村	示范村	特色村	生态村	美丽田园
指标内涵	基础好、自治强、村容洁	规划好、设施全、乡风淳	产业强、百姓富、文化兴	青山碧、绿水秀、乡愁驻	治理有效、适度规模、三生同步、三产融合
生态宜居	75分	56分	48分	40分	20分
产业兴旺	4分	11分	15分	17分	20分
富民兴村	10分	14分	19分	19分	20分
治理有效	6分	9分	8分	10分	20分
乡风文明	5分	10分	10分	14分	20分

▶ (二)横向到边

1. 建立横向到边的组织机构

在党委领导下,横向到边旨在将每个村民都纳入一个或多个村庄社会组织,让他们在组织中能够找到自己的位置,自觉参与组织的活动,约束和规范自己的行为,不断增强归属感、自豪感和责任感。

(1)**建立新型农村合作社。**以土地入股、资金入股方式,盘活村庄集体资源,充分发挥集体土地效益。同时村民积极参与农村产业发展建设中,共同促进村庄经济的发展。

(2)**建立村民理事会。**通过村民理事会组织发动和协调村民开展村庄建设与管护工作,并且化解邻里之间的矛盾与纠纷,合力发展农村经济等。充分发挥乡贤对村民的带动与凝聚作用,通过村民理事会为乡贤提供参与村庄决策的平台,让乡贤能够对村庄发展提出更加优化的建议,带动其他村民有效推动共同缔造的开展。

(3)**建立监督小组。**邀请镇纪委干部、村委代表、党员代表、村民代表等共同组建监督小组,对项目建设过程进行监督,避免施工扰民、占用公共空间等;对农村资金使用情况进行监督,让资金使用更加规范、透明。

(4)**建立兴趣活动小组。**村庄具有一技之长的能人可以动员拥有共同兴趣爱好的村民一起成立义工组织、歌唱队、羽毛球小组、棋牌协会、篮球兴趣小组、书法小组等。

案例 4-4：西宁市大通县土关村建立横向到边的"1+4N"村民组织

土关村经过数次组织发动，成立了村庄横向到边的"1+4N"的村民组织架构，将全体村民按照各自需求和喜好纳入 4 类组织，做到每一个村民都参与。组织建立起来以后，村民大到七八十岁的老人，小到七八岁的小学生都加入了各类村组织，老人可以做村民关系协调工作，小学生可以做环境打分评比工作，真正实现人人参与、横向到边。

"1"即以村党支部和村委会为核心。

"4N"包括：

村庄合作社：传统建筑施工合作社、土豆种植合作社、中草药种植合作社；

村庄理事会（工作小组）：村庄环境整理理事会、村庄绿化理事会；

村民协会：村庄青年发展协会、村民歌舞协会、村民手工艺协会等；

村庄监督委员会：财务监督小组、施工监督小组、村庄环境共同评价小组、党员分区监管小组。

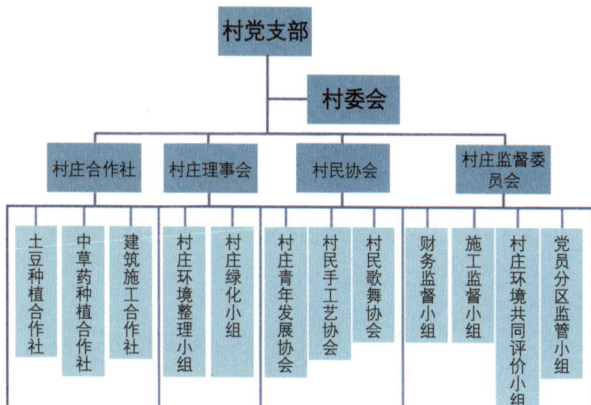

土关村建立"1+4N"横向到边机制图

（资料来源：北京建筑大学《美好环境与幸福生活共同缔造示范　青海省大通县景阳镇土关村》）

案例 4-5：麻城市阎家河镇石桥垸村建立综合治理委员会，促进村民协商共治

在麻城市石桥垸村与中国中建设计集团有限公司（简称"中建"）联合党支部的领导下，历经 5 次党支部会议、5 次村民代表大会，通过了《关于成立石桥垸村丁家寨湾综合治理委员会的办法草案》，成立了丁家寨湾综合治理委员会。委员会由 7 人构成，成员由村两委提名，经全体党员及村两委组成的代表大会表决通过，并由市领导亲自颁发聘书，聘期半年。综合治理委员会受村两委领导、监督及考评。其中 6 人为丁家寨湾村民代表，1 人为非丁家寨湾村民，主要行使监督职责。委员会已形成明确工作流程，经村委会协助，出台"四清"实施办法、工作任务表、村民工作评价表，并记录每日工作日志。村两委认识到，综合治理委员会在宣传、发动和引导村民的过程中起到了重要作用，是实现共同缔造的必经途径。

（资料来源：中国中建设计集团有限公司《麻城市阎家河镇石桥垸村美好环境与幸福生活共同
缔造实施方案》）

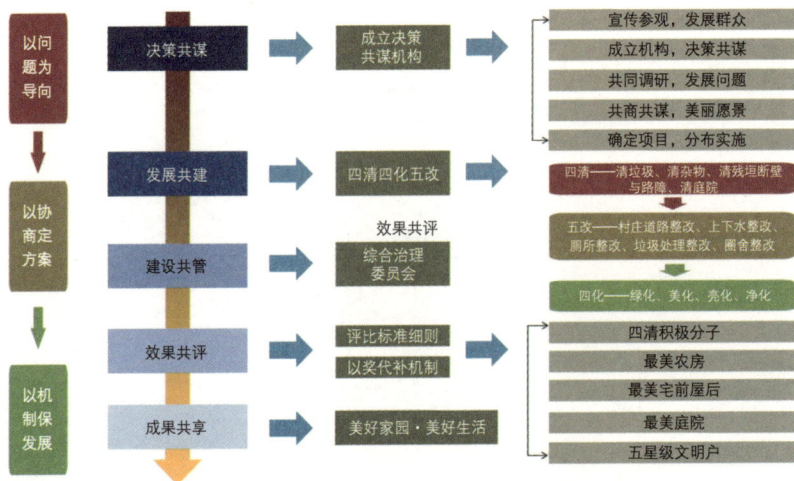

湖北省麻城市阎家河镇石桥垸村丁家寨湾协商共治路径
（资料来源：中国中建设计集团有限公司《麻城市阎家河镇石桥垸村美好环境与幸福生活
共同缔造实施方案》）

2. 搭建平等的参与平台

农村美好环境与幸福生活共同缔造需要搭建村民参与的平台，让村民明白议事规则，商讨乡村存在的问题，商议改善的方向，探讨资金的筹措等。

（1）广泛宣传共同缔造的内涵。通过媒体、微信、报纸等各种传统与新型方式，让村民理解什么是共同缔造，如何共同缔造美好环境与幸福生活。

（2）拟定村庄议事规则。针对村民关心的事项进行商讨，通过多方协商形成发展共识，让决策更加符合村民需求。形成定期例会形式，约定表决方式，并且尊重会议结果，能够自觉维护并实现共同决策成果。

（3）建立和完善村民会议、乡村事务协调会、听证会、民主监督评议会、村民议事会、道德评议会等协商会议机制，建立矛盾纠纷多元化解决机制，出台多元化矛盾纠纷解决条例，从而保障村民有序参与乡村治理，提升共治能力。

案例 4-6：清远市英德横石塘镇龙华村村民议事规则

清远市英德横石塘镇龙华村梅子寨在美好环境与幸福生活共同缔造过程中，认为最重要的是能够为乡村留下一支永远不走的领导队伍。因此需要教会村委如何开会，包括如何组织村民开会，最终形成了梅子寨的议事规则：每个参会的村民轮流发言；在别人发言过程中不能插话，不能在别人发言之后就吵架。轮流发言之后的讨论环节允许大家吵架，但是吵完架需要有结果，需要全体参会村民对结果进行决议，决议之后就要执行。

▶ (三）协商共治

农村美好环境与幸福生活共同缔造以村民参与为核心，通过"**决策共谋、发展共建、建设共管、效果共评、成果共享**"使村民参与落到实处，在参与中达成共识，在建设中形成共管。

1. 决策共谋、凝聚民意

以前政府想做什么农民不知道，农民需要什么政府不知道，通过"共谋"大家心里都有底。引导村民从"观望"逐步转向"关注"，继而转向"主动参与"，充分调动村民参与的积极性、主动性。

（1）**以问题为导向，征集村庄发展建议**。围绕问题导向的思路，通过开展入户访谈与问卷调查、设立村庄问题反馈箱等方式，了解村民对村庄发展存在的问题、收集村民对村庄发展的建议。

（2）**共同发掘村庄资源，开展村庄再认识**。充分挖掘村庄的农田、河流、山地等生态资源，街头巷尾、房前屋后等空间资源，文物建筑、风貌建筑等特色资源，历史文化、节庆习俗等文化资源。这些村民熟悉的资源往往是活化村庄、培育乡村特色的重要元素。

（3）**挖掘党员积极分子，发挥示范带动作用**。党员需要严于律己，并且形成党员共识：凡是要求村民做到的，党员首先做到；凡是要求党员做到的，支委成员首先做到；凡是要求支委成员做到的，支部书记首先做到。通过党员以身作则充分发挥示范带动作用，形成良好的社会风尚。

（4）**寻求村庄能人，培养乡村规划师**。寻找村民日常生活中熟识、信任与推荐的、德高望重的能人，或者具有专业技能的人才、关心乡村发展、积极性高的热心村民等，让其成为乡村规划师，充分带动周围村民共同投入农村美好环境与幸福生活共同缔造中。

（5）**组织实地考察参观，开展课程培训活动**。积极组织村民到共同缔造成效显著的村庄进行实地参观与学习，打开村民对自己村庄未来发展的想象；同时邀请专业人士、共同缔造达人等开展相关的课程培训活动，让村民充分了解什么是共同缔造、如何改善人居环境、如何发展产业等。

案例 4-7：西宁市大通县土关村以活动密切与村民关系，通过培训让能人成为共同缔造"种子"

青海省西宁市大通县土关村通过组织村民举办手工艺赛宝大会、村民歌舞联谊会等，使驻村工作组与村民更融洽。有事村民也愿意说给工作组队员听了，村民的态度有了初步的转变。此后，工作组趁热打铁，通过制作土关村视频影片等方式，让村民找哪里是他家、哪里干净、哪里脏乱差。村民踊跃发言，并指出厕所问题是他们最急迫要解决的问题，同时在村民大会上全体举手表决。工作组进行了大量细致的组织发动工作，先后召开了近 10 次村民培训会、70 余次不同层次的座谈会（包括党员座谈、能人座谈、村两委座谈、贫困户座谈等）、专题讨论会及村民代表大会；组织村民代表实地参观青海省的优秀村庄，召开村民大会播放反映郝堂村、院前社、苍葭冲村、十八洞村等村庄建设的视频案例，使村民坚定别的村可以自己动手一步步从脏乱差变成美丽乡村，我们土关村也能做到；组织村民代表 51 人来北京建筑大学参加全国非物质文化遗产技艺培训班，学习培训传统技艺的同时学习共同缔造的思想方法，还组织村民参观清华大学美术学院毕业展、中央美术学院毕业展、北京美丽乡村等；村民代表开拓了眼界，思路转变效果显著，回到村里成为共同缔造的重要"种子"。

土关村通过活动密切与村民关系，并取得村民信任

（资料来源：北京建筑大学《美好环境与幸福生活共同缔造示范 青海省大通县景阳镇土关村》）

案例 4-8：黄冈市红安县柏林寺村通过活动发动村民

　　湖北省黄冈市红安县柏林寺村规划团队通过专人驻村、逐户访谈，真正实现深入村民，并且通过组织活动的方式，吸引村民、引导村民、融入村民。规划团队和村委会共同组织了"周末百家宴及美食评选"活动，村民每户拿出一个"拿手菜"参与美食评选，团队趁机向村民宣传共同缔造理念。规划团队又组织了日常"四点半"课堂、"'六一'大手拉小手"活动等，在一次次活动中向孩子们宣传了共同缔造、垃圾分类等规划理念，从孩子入手，逐步带动村民从关注规划到理解规划、参与规划、自主规划。

（资料来源：中国城市规划设计研究院《湖北省黄冈市红安县柏林寺村美好环境与
幸福生活共同缔造示范规划》）

案例4-9：西宁市湟中县黑城村组织培训转变村民态度，提高村民的参与能力

　　青海省西宁市湟中县黑城村通过给村民播放黑城村纪实短片、集中培训、建立信息分享微信群等，让村民逐渐认识到共同缔造自己美好家园的重要性。此后，工作组趁热打铁，进行了大量细致的组织发动工作，先后召开了5次村民培训会、60余次座谈会、专题讨论会及村民代表大会；组织村民代表实地参观陕西袁家村、北京何各庄村及青海省的优秀村庄，召开村民大会播放反映郝堂村、十八洞村等村庄建设的视频案例；深入普及讲解"四清、四化、五改"内容；派设计师常驻现场，以村两委为抓手，深入组织发动工作；组织村民代表来北京参加住房城乡建设部组织的共同缔造培训会。通过组织培训，村民代表的思路转变效果显著。

　　村民参观的袁家村、马嵬驿等村庄建设风貌极大地激发了村民的建设热情。村支部书记蔡生录说："如果我们村子要能建成这样，就太好了，人家自己能建，我们也可以！"2018年6月26日，住房城乡建设部组织村民赴北京参加共同缔造培训会，会上来自苍葭冲村带头人丁某平以及湖北客店镇党委书记朱某举讲解了如何带领村民自己动手投工投劳搞建设的事迹，再次深深触动了黑城村的村民代表。回到村庄后，在村民代表的带动下，黑城村共谋共建的热情进一步被点燃，村民们在村两委和"振兴理事会"的带领下更加主动地投工投劳、全面展开各项建设工作，村庄美好环境与幸福生活共同缔造工作大踏步地进入了快车道。

黑城村组织村民大会

（资料来源：中国建筑设计研究院《青海省西宁市湟中县上新庄镇黑城村
美好环境与幸福生活共同缔造》）

案例 4-10：湖北省麻城市石桥坳村丁家寨湾通过培训、宣传、组织参观学习，发动村民，让村民理解、赞同、参与共同缔造

　　湖北省麻城市石桥坳村丁家寨湾清楚了为了让村民了解共同缔造需要以村民为主力、方能推动村庄治理长效运转的道理，特意开展了多次培训、宣传、参观学习活动。在 2018 年 6 月 3 日，规划团队组织村民考察信阳郝堂村。村民一同参观了郝堂村的卫生室、道路、绿化景观、水利设施、基础设施，以及通过旧居改造成的农家乐等。一路上郝堂村给村民留下了深刻的印象，环境优美，村容村貌干净整洁，民居自成一派，乡风质朴，给人一种返璞归真的感觉。回来后，村民广受鼓舞，努力探索适合本村美好环境与幸福生活共同缔造的发展之路。

石桥垸村丁家寨湾组织村民参观郝堂村

（资料来源：中国中建设计集团有限公司《麻城市阎家河镇石桥垸村美好
环境与幸福生活共同缔造实施方案》）

2. 发展共建、凝聚民力

找到村民容易参与的切入点，从房前屋后、街头巷尾、公共空间等群众身边小事做起，动员村民出钱、出物、出力、出办法，使村民的观念由"要我建"转变为"我要建"。

（1）**村庄规划先行，形成共建共识**。村民需要明确自己需要建什么，形成一份凝聚村民共识的规划方案，并把规划方案转换为系列行动计划，有序引导村民开展共建活动。

（2）**以房前屋后为切入点，共建宜居环境**。从村民最需要的房前屋后小事做起，开展一些最关注、需求最迫切的小事、实事，让大家参与进来，看见成效；逐步理解共同缔造的内涵，开启农村美好环境与幸福生活共同缔造的良好氛围。

（3）**出工出力共建基础设施，营造完整乡村。**针对村庄的基础设施项目，探索多方资金筹措渠道；针对具体实施项目，鼓励村民积极出力参与共建美好家园活动中，从而形成产业兴旺、生态宜居、乡风文明、治理有效、生活富裕的完整乡村。

（4）**成立合作社，共建村庄产业。**因地制宜筹备村庄合作社，积极盘活村庄农田、集体厂房、闲置建筑等资源，形成具有市场需求的产品，提高产业效益，增加村民收入。重视企业、乡贤对带动村庄产业的作用，积极与企业、乡贤等配合，激活村庄产业活力。

（5）**彰显村庄底蕴，共建乡村特色文化。**明确村庄的文化遗产，包括节庆文化、习俗活动等，积极组织并参与村庄的文化活动，进一步彰显乡村特色，凝聚集体认同感。

案例4-11：西宁市大通县土关村共建模式

土关村探索了村民参与村庄人居环境建设的3种模式：一是房前屋后环境清理项目，由村民出工出资；二是技术含量较低且工作量较大的项目，如绿化工程，由村民参与建设并按照当地工时费领取报酬；三是技术含量高、施工复杂的项目，如外墙保温大项目，由村集体作为甲方，经共同缔造议事程序选择合适的施工队伍进行施工建设。

土关村党支部引领，党员带头，村民出工出力清理杂物垃圾，
整理公共环境

（资料来源：北京建筑大学《美好环境与幸福生活共同缔造示范
青海省大通县景阳镇土关村》）

案例 4-12：黄冈市红安县柏林寺村产业共建案例

柏林寺村内乡贤刘老师回乡创业，十年来坚持生态有机农业种养殖循环，并积极参与村内精准扶贫工作，带动乡亲们一起致富。当前，刘老师从事种植和养殖的基地有 80 多人就业，固定工每天都有 30 多人，临时用工每天达到 50 多人。平均每个贫困村民每年能在刘老师的生态农业公司就近打工获得五六万元的收入。公司共带动贫困户共 121 户 600 余人增收，2017 年发放工资 206 万元。为了进一步支持生态农业公司发展，5 月中旬，中国城市规划设计研究院村镇所党支部邀请柏林寺村乡贤代表、优秀党员和理事会成员赴北京参加有机农业培训，并参观了有机农场，为公司进一步扩展生态农业多种经营拓宽了思路。为了帮助公司拓展蔬菜销路，规划师还为生态蔬菜设计了符合城市居民审美的外包装，并和刘老师讨论，准备协助其开发一套便于蔬菜定制销售的微信小程序。

（资料来源：中国城市规划设计研究院《湖北省黄冈市红安县柏林寺村美好环境与幸福生活共同缔造示范规划》）

案例4-13：西宁市湟中县黑城村出工出资参与共建案例

黑城村通过村民投工投劳制度的确立，大幅度节约了施工建设的人力成本。用工成本由施工承包方式的每人每天近200元降低到约100元，挖掘机械设施由每天1500元降低到每天900元，仅给水工程一项的人工成本就预期节约近9万元，比之前传统施工承包方式节约了40%。针对黑城村的美化绿化工作，村两委与振兴理事会牵头成立了村里无偿投工投劳的"共建小组"，由村里有威望的红白理事会会长蔡生海担任组长。为激发更多村民的积极性，建设管理部为共建小组成员定做了胸牌、队旗、功绩碑，看似很小的举动却极大地提升了小组成员的荣誉感。目前，"共建小组"成员已由初始的3人增加到现在的20人。

在资金共建方面，黑城村提出设立"乡村共建资金池"的好想法。建设管理部召集村民大会确定了10个工/户的"投工"定额和80元/工的计费标准，以资抵工的费用进入资金池，今后用于村内公共建设支出，通过这一办法进一步引导和调动了村民主动投工投劳的积极性。

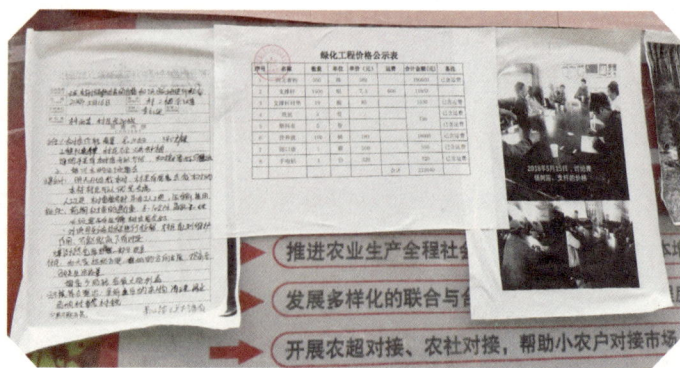

黑城村共建资金池，实行财务公开

（资料来源：中国建筑设计研究院《青海省西宁市湟中县上新庄镇黑城村美好环境与幸福生活共同缔造》）

案例 4-14：厦门市海沧区东孚镇寨后村西山社："走在乡间路上，好像逛公园"

2013 年初，刚进西山社，村口就是旱厕和猪舍，不仅难看，而且臭气迎面扑来。"美丽厦门·共同缔造"开展以来，房前屋后的猪舍、茅厕不见了，转而变成鹅卵石修建起来的花坛，空气中飘荡着花果香，仿佛进入了充满诗情画意的田园。

西山社的房前屋后

案例 4-15：厦门市海沧区海沧街道青礁村院前社房前屋后建设调动村民积极性

厦门市海沧区海沧街道青礁村院前社古民居大夫第门前的空间本来被猪圈、小卖部、垃圾堆等大面积占用，大夫第被隐藏在杂乱的空间后面，并不显眼。村民主张将其重新设计成花坛，并在上面插上介绍大夫第历史文化和名人轶事的牌子，将原本封闭的空间重新激活。而门前原本为杂草的公共空间也被整理出来了，改铺上石砖表面，转身成了可以停放车辆也可以聚集玩耍的广场空间。在大夫第斜对面的农田边上原本是一片荒地，结合此处位于村落较中心的位置，并且村内缺少一个村民休息聊天的地方。在以奖代补的资助下，乡贤理事会邀请工程队伍按照村民想法，建设了一个凉亭，充分利用原来的两棵龙眼树，铺设了石砖地面，为村民提供了良好的休憩空间。村民看到昔日杂乱的空间变得干净、整洁、有序，同时又给自己创造了活动场所，参与乡村建设和发展的信心和积极性一下子高涨起来。

院前社村内凉亭改造

3. 建设共管、凝聚民智

建设不易，管护更难；因此需要建立长效共管机制，调动村民管理的积极性，实现村庄长效管理。

（1）**建立公共事物（务）认捐认管制度。** 鼓励村民个人、家庭、企事业单位、社会团体等认捐、认管村庄公共设施、公共绿化、公共活动等公共事物与公共空间等，打造可持续的共同缔造模式。

（2）**开展门前三包活动。** 开展门前三包活动，让村民做好房前屋后美化、绿化工作，通过相互评比与监督，进一步激发村民的干劲，有助于长期保持村庄的干净、整洁、有序。

（3）**拟定村庄管理准则。** 拟定村庄在资金使用、环境卫生、停车管理、自治公约等方面的准则，形成保障村民参与、相互监督与约束的共识性条例。

案例 4-16：西宁市大通县土关村完善村民共管流程

为了完善村庄管理，土关村形成一套完善的实施步骤指引，并完善公共账户监督流程。在实施步骤上，土关村明确村民参与的各个阶段与主要形式——村民代表大会表决需要建设的项目立项及预算，实施小组负责建设项目材料采购与项目建设的劳动力用工，监督委员会全程监督账户使用情况，并受理村民投诉。全体村民随时可以向监督委员会提出异议。

（资料来源：北京建筑大学《美好环境与幸福生活共同缔造示范 青海省大通县景阳镇土关村》）

案例 4-17：西宁市湟中县黑城村建立制度公约，完善管理运营组织架构

在制度公约上，黑城村拟定了《理事会章程》《建设管理规定》《文化建设章程》《产业发展运行规则》等章程制度。在这些村庄公约指引下，村庄各项建设工作进入了有序推进的制度轨道。按照程序要求，美好环境与幸福生活的具体项目由"三部"发起，提请到村两委，由村两委进行初审，审核通过之后提交到振兴理事会，决议通过后由村委会委托"三部"负责具体组织执行。同时，强化监督机制，由保护监督组对各项目的资金使用、建材选购、工程进展等方面进行全面监管并予以公示。在管理运营组织方面，黑城村成立了包括村两委、保护监管小组、旅游公司在内的内部机构，以及由县、镇、村及规划设计单位等参与的建设管理小组、运营管理小组等联合机构，完善村庄长效运行管护机制。

4. 效果共评、凝聚民声

"效果共评"是改进农村建设和管理的途径,邀请党代表、村民代表、社会组织、辖区企业等进行评议,积极开展可激发村民自治热情的各类评选活动。

（1）**明确评选的工作方案。**拟定评议细则,包括评选流程、人居环境项目评优、院落美化评比的标准等,明确评选时间、评选要求、评选奖励。

（2）**展示参评的项目与活动。**村庄可以通过照片展览、现场观看等方式,对房前屋后美化、阳台绿化等参评的项目与活动开展阶段性总结与回顾,由村民或者小学生、小朋友等讲解活动的故事。

（3）**村庄共同参与评选。**村庄共同对开展的建设项目、文化活动等进行评议,评选村民最满意的建设项目或者活动,树立起典型。

（4）**奖励优秀。**向获奖的个体、组织颁发奖励,激发村庄共同缔造的积极性。

案例4-18：西宁市大通县土关村"小手拉大手"村庄环境共同评价制度

土关村由村小学生和中学生组成的"小手拉大手"村庄环境共同评价制度,每周对村民室内、院落和宅旁屋后公共空间卫生整洁状况进行打分评价,并张榜公示结果,前十名奖励,后十名批评,通过奖励先进带动村庄环境卫生意识的提升。

中小学生作为村庄公共环境评价的主体,不仅因为学生较少受到人情关系的影响,相对公平公正,更是培养了有良好环境意识的未来新农民。

村庄环境共同评价制度 → 中小学生 / 村庄老人 → "小手拉大手"进行公平、公正的评价 → 村民室内卫生整洁状况 / 村庄院落卫生整洁状况 / 宅旁屋后公共空间卫生整洁状况 → 张榜公布 奖励先进 批评落后

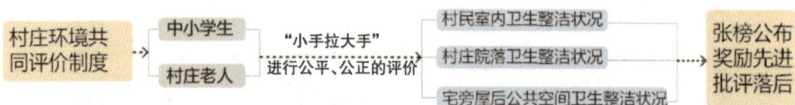

中小学生评价
院落卫生状况

中小学生评价宅旁屋后
公共空间卫生整洁状况

中小学生
评价打分

土关村"小手拉大手"村庄环境共同评价制度
（资料来源：北京建筑大学《美好环境与幸福生活共同缔造示范　青海省大通县景阳镇土关村》）

5. 成果共享、凝聚民心

　　促进成果共享是美好环境与幸福生活共同缔造的价值和根本目的所在，通过共同缔造实现成果共享，满足人民群众对美好生活的不断向往。

　　（1）形成共享的使用规则。共享的前提是不能随意损坏村庄公共环境、占用村庄公共空间，并且自觉遵守村庄村规民约、环境卫生、停车管理等准则。

　　（2）村庄全体村民平等享有完整乡村的齐备设施与服务。

　　（3）村庄全体村民平等享有村庄的各类文化活动。

　　（4）村庄全体村民平等享有村庄的经济发展活力与产业收益。

　　（5）村庄全体村民平等享有良好的精神风尚与温馨友好的村庄氛围。

黑城村共同缔造笑脸墙，共享美好环境与幸福生活
（图片来源：中国建筑设计研究院《青海省西宁市湟中县上新庄镇黑城村
美好环境与幸福生活共同缔造》）

柏林寺村整洁的村庄环境

土关村村民在凉亭下纳凉

（图片来源：北京建筑大学《美好环境与幸福生活共同缔造示范
青海省大通县景阳镇土关村》）

麻城市石桥垸村形成良好的乡风文明

五、农村美好环境与幸福生活共同缔造的案例①

（一）青海省西宁市湟中县黑城村共同缔造示范工作

1. 组织架构

黑城村在美好环境与幸福生活共同缔造中构建了"纵向到底、横向到边、协商共治"的组织机制，同时建立了"一会一组二委三部"的横向到边的村庄自治的社会治理组织架构。

"一会"即"振兴理事会"，由来自县、镇、村和技术支持单位的 9 名理事会成员代表共同缔造各方力量对村庄的规划、项目、预算和管理制度等重大村务具有共同议事和决策权。

"一组"为"黑城村保护监督组"，由来自县审计部门、镇三资办的同志和 3 名村民代表组成，负责建设资金监管、环境维护和安全保障等事宜。

"两委"为村党支部和村自治委员会。

"三部"为"产业发展部""建设管理部""文化建设部"，每组三人，由村内德高望重的村民或专业能人带队分工负责村庄产业、环境和文化相关事宜。此外，会议还议定了理事会和各部的组织章程，初步形成了"村务有人管、管事有制度"的体系保障。

---

① 本章节内容结合《住房城乡建设部美好环境与幸福生活共同缔造示范经验材料汇编》进行整理。

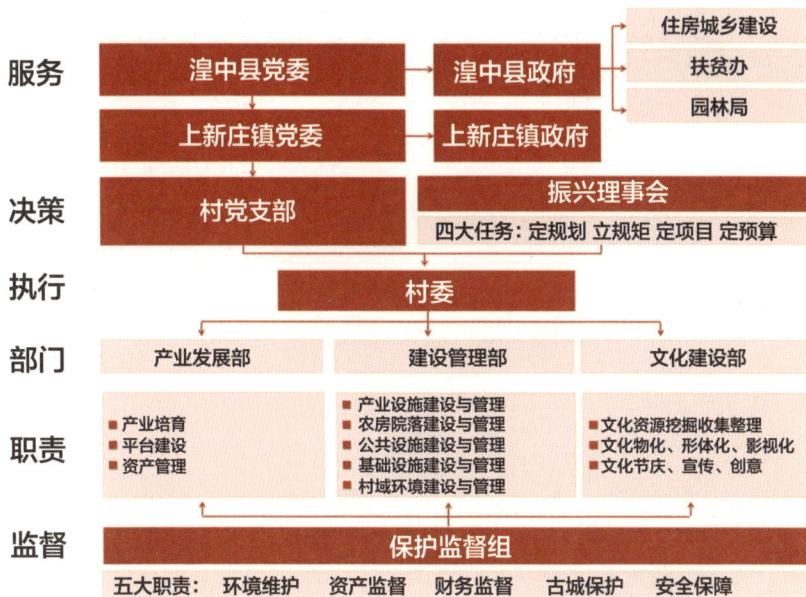

黑城村美好环境与幸福生活共同缔造组织架构

2. 共同缔造项目

通过村民议事商讨，确定共同缔造项目包括以下内容。

共同缔造项目

项目分类		项目名称
一、农村人居环境整治重点任务	推进农村生活垃圾治理	2019年垃圾分类、收集和处理设施系统
	开展厕所粪污治理	化粪池工程（68户）
		户内旱厕改水厕
		2019年养殖实现规范集约化、无害化
	梯次推进农村生活污水治理	给水、污水管线工程
		污水清运
		雨水工程（修复）

续表

项目分类		项目名称
一、农村人居环境整治重点任务	提升村容村貌　道路出行	主路及支巷提质改造
		入口道路拓宽及景观节点打造
	整治公共空间	中心活动广场改造
		古井节点
		瓮城广场
		2019年宅旁空间绿化美化
		主路边界微景观提升改造
		村史馆（含公厕）
	提升建筑风貌，突出乡土特色	院墙、大门改造示范（1户）
		村委会外立面
		2019年院墙、大门全面改造（其余67户）
		2019年沿街（巷）建筑立面改造
	村庄绿化	房前屋后绿化美化
	公共照明	路灯修复
		节点景观照明（瓮城等）
	环境卫生整洁	四清（村庄垃圾、杂物、庭院、残垣断壁）
		文明宣传标语和宣传栏
二、其他工程项目	燃气工程	
	乡村淘宝电商	
	古城墙保护与修缮	

3. 美好环境与幸福生活共同缔造

（1）决策共谋

以问题为导向，引导村民参与共谋。围绕问题导向的思路，通过开展入户访谈与问卷调查、设立村庄问题反馈箱等方式，帮助村民发现村庄问题，以解决问题为核心目的激发村民参与共谋热情，收集村民对村庄发展的宝贵建议。

乡贤引领，建立全民参与的共谋组织。寻找村民日常生活中熟识、信任与推荐的德高望重的能人，或者具有专业技能的人才，关心乡村发展、积极性高的热心村民。黑城村通过村民大会推选乡贤代表，选举出的乡贤代表全村村民参与村庄事务决策与共谋，并以乡贤为主体成立"黑城村振兴理事会"的村庄共谋组织，从而实现全民参与共谋的目标。在黑城村村民广场的改造方案讨论中，村支部书记蔡某录和村里能人都某才共同提出了花坛造型方案；绘画能人田某发绘制了休憩廊架方案；妇联主任鲍某莲绘制了鹅卵石步道和古树座椅的方案，设计单位综合大家意见对原方案进行了大幅度调整，获得了村民的一致认可并最终顺利实施，真正实现了公众参与。

引导村民积极参与决策共谋

组织实地参观学习，激发村民共谋热情。邀请专业人士、共同缔造达人等开展相关的课程培训活动，让村民充分了解什么是共同缔造、如何改善人居环境、如何发展产业等。黑城村共同缔造中，组织村民参观袁家村、马嵬驿，虽然两个旅游村的建设模式对黑城村而言不具有参考意义，但村庄建设的风貌极大地激发了村民的建设热情，村支部书记蔡某录说："如果我们村子要能建成这样，就太好了。人家自己能建，我们也可以！"参观结束，村主任徐某盛主动提出组建村民主体的"黑城村共建小组"的计划，并最终得以实现。

组织村民到袁家村、马嵬驿等地参观学习，提高自主意识

（2）发展共建

发挥党员带头作用，带动群众投工投劳。黑城村由徐某盛、都某才、刘某全、蔡某海等几名党员带头成立了无偿投工投劳的"黑城村共同缔造共建小组"。由村里有威望的红白理事会会长蔡某海担任组长。为了激发更多村民的积极性，建设管理部为共建小组成员定做了胸牌、队旗、功绩碑。由村两委牵头，请施工企业培训村民，参与道路施工的劳动力和挖掘机械全部出自本村，仅给水工程一项即节省人力成本约40%。

村民出工出力，共同投入村庄美好环境与幸福生活共同缔造中

就地取材，实现建设成本节约。利用村庄建设过程中产生的建筑垃圾、废弃石料和就近收集的本土建筑材料用于村庄环境整治工程，节约建设成本、塑造乡土特色。黑城村村委会前广场，所用的片石和鹅卵石都是村民自愿无偿上山捡来的，透水砖是原有的旧材料，仅广场材料费即可节省约6万元。同时，建设管理部带领村民利用村内市政设施改造时产生的水泥路面废弃材料铺装巷道，大大降低了工程成本，又体现了乡土特色。

村民就地取材，降低工程建设成本

邀请能人返乡，带动村民主导共建。深入了解村民情况，邀请村内外出能人返乡共建，带动村民积极性，由本村能人指导本村村民，共同建设，节约成本。本村能人都某才在外多年承揽建设工程，施工经验丰富。村两委主动联系动员他回村共建，他带领村民免费投工投劳如期完成村史馆建设，并主动提出将原砖石结构改良为轻钢材料，节省工程成本近50%。

本村能人都某才带领村民建设村史馆

（3）建设共管

发动村民，建立环境卫生管理组织与制度。黑城村共同缔造发动村民自觉动手，集中清理公共环境和自家院落。并制定管理制度，分片包干保障村容环境卫生整洁。黑城村成立"四清"专项行动小组，对村庄垃圾等进行集中清理。将全村分为四片十二巷道，以党员为责任人负责环境卫生监管。低保户史某英家生活困难，劳动力缺乏，"四清"工作开展以来，深受触动，主动请村里提供设备，自己动手拆除院外旱厕，美化庭院，为村民"四清"工作树立了榜样。

村民积极参与村庄环境卫生管理

村民主体，构建建设施工共管模式。黑城村成立"施工监督小组"。老支书蔡某录听说村里共同缔造工作开展之后，主动返乡，贡献自己在工程方面的知识和经验，主动承担"施工监督小组"组长工作。同时，聘请监理公司进行施工质量监督，实现村民为主、多方协力的建设施工共管模式。期间，由保护监督组督促完成给水管道打压、分层填埋等工程质量相关问题，及时纠正了施工过程中出现的问题。

施工监督小组现场监督工程质量

（4）效果共评

全民参与，卫生共评。黑城村理事会牵头制定村民代表参与评比细则。对房前屋后美化、阳台绿化等参评的项目与活动开展阶段性总结与回顾，由村民和小学生、小朋友共同参与，构成评委会，对全村各户展开卫生共评，评比结果予以公示。

阶段评优，激励民心。黑城村共同缔造在不同阶段共同评选优秀个人、组织、家庭。向获奖的个人、组织、家庭颁发奖励，激发村庄共同缔造的积极性。

通过效果共评奖励先进个人，形成示范效应

（5）成果共享

村庄全体村民平等享有完整乡村的齐备设施与服务，享有村庄的各类文化活动，享有村庄的经济发展活力与产业收益。黑城村村史馆落成，由村两委和村民代表牵头邀请全村村民前来，开展篝火晚会，小朋友表演文化节目，丰富村庄文化娱乐的同时，大家一同享受共同缔造成果。

村民围坐在村史馆前观看电影

空间环境改善。黑城村"四清"专项行动小组牵头评出村内 14 处重点垃圾整治区域，并随后展开为期 10 余天的集中清理整治，成效显著。村内 90% 以上区域的生活垃圾得到治理，环境卫生显著提升。

村民齐心协力开展房前屋后环境整治活动

干净的街巷

　　乡风文明进步。村民思想观念发生明显转变。通过组织考察、观摩、座谈、培训、研讨等多种形式，村民思想观念从"要我干"变为"我要干"，从"消极应付"变为"积极主动"，治理模式由"政府主导"变为"共商共谋"，共同缔造思想共识基本形成。

▶ **（二）青海省西宁市大通县土关村共同缔造示范工作**

1. 组织架构

　　土关村构建了"纵向到底、横向到边、协商共治"的组织架构。

　　纵向到底：将党的领导从县委、镇党委、村党支部到每位党员贯彻到底；将政府服务从县政府、镇政府、村委会、村庄组织到每一位村民服务到底。

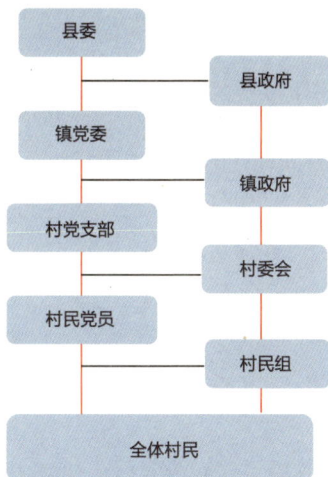

纵向到底示意图

横向到边：土关村成立横向到边的"1+4N"的村民组织，即以村党支部为核心，村庄合作社（河湟传统建筑施工合作社、土豆种植合作社、中草药种植合作社）、村庄理事会（村庄环境整理理事会、村庄绿化理事会）、村民协会（村民歌舞协会、村民手工艺协会）和村庄事务监管委员会4类组织，做到"事事有人想、事事有人管、事事有人干"。

协商共治：全体村民对于村庄事务村民可借助微信群、建议箱等向村两委建议，也可向村民组织反映，经自治组织向全体村民代表大会提议，最后经全体村民大会讨论举手表决后，村两委最终拍板决定是否开展工作。

2. 共同缔造项目

通过村民议事商讨，确定共同缔造项目包括以下内容。

共同缔造项目

项目分类		项目名称
一、农村人居环境整治重点任务	村容村貌	村委会前广场
		戏台
		村民文化活动中心
		微田园改造点一
		微田园改造点二
		老年幸福院前小广场
	污水治理	村南河道整治
		滨渠路环境共建
	厕所粪污	粪污一体化改造
	村庄垃圾	垃圾分类

续表

项目分类		项目名称
二、其他工程	产业发展	特色餐饮一
		特色餐饮二
		特色餐饮三
		民宿一
		民宿二
		手工艺品展示中心
		"中燃慧生活"电商平台
	其他	精准扶贫示范户
		燃气工程建设
		生态停车场

3. 美好环境与幸福生活共同缔造

（1）决策共谋

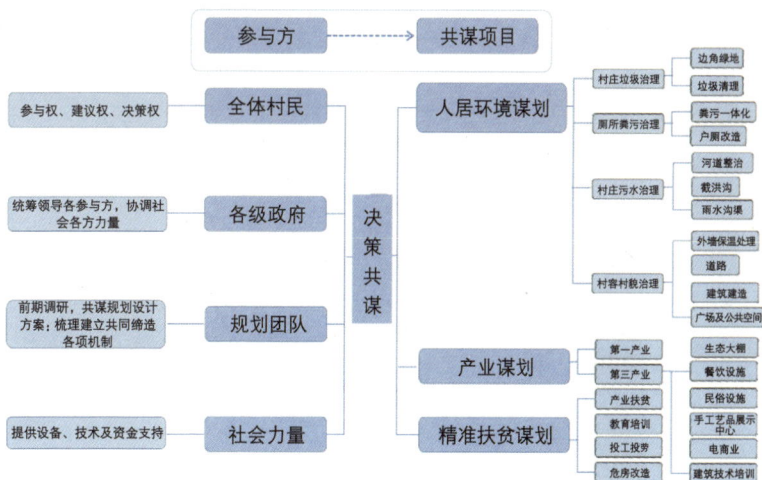

土关村决策共谋体系图

一是人居环境改善共谋，包括河道生态治理、幸福院前广场与休憩亭建设、滨渠路改造等。土关村原本缺乏公共空间，老年人没有适合的场地进行活动，对此意见很大，经常向村委

公共空间缺失

李某东家菜地

村民李某东

共同探讨广场方案

共谋公共空间

会反映问题，急切需要改变。经过村内的党员与村民李某东进行沟通，李某东转变自己的思想，自愿让出自家菜地，用于幸福院小广场的建设。这也成了村庄的一桩美事，为人们所津津乐道。在有了建设场地以后，广大村民共同对广场的建设内容进行了探讨，提出了许多建设性意见，并就广场上休憩亭的建设与村两委、设计者进行反复讨论，共同决策建设。

二是产业发展共谋，土关村土特产种类较多，但是长久以来销售是个令人头疼的难题。开展共同缔造后，全体村民、中国燃气股份有限公司、规划设计团队一起谋划，讨论后决定借助"中燃慧生活"电商平台的优势，对土关村农优产品进行网上销售，从而提高了村民收入。

谋划"销售难"的问题

（2）发展共建

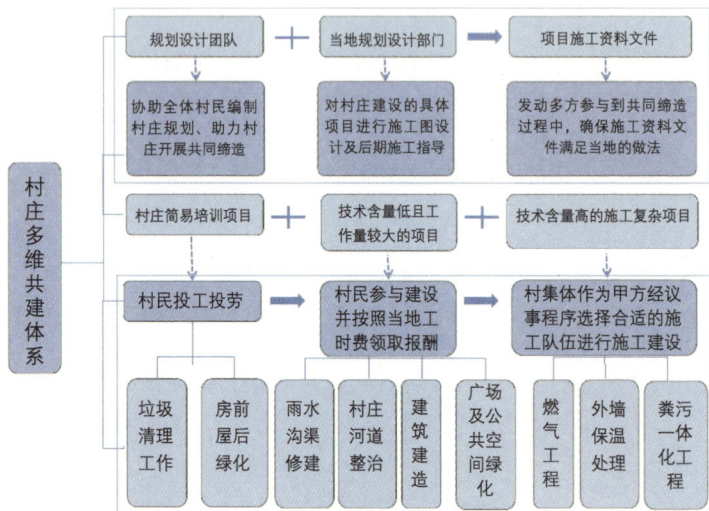

村庄多维共建体系

| 规划设计团队 | + | 当地规划设计部门 | → | 项目施工资料文件 |

| 协助全体村民编制村庄规划、助力村庄开展共同缔造 | 对村庄建设的具体项目进行施工图设计及后期施工指导 | 发动多方参与到共同缔造过程中，确保施工资料文件满足当地的做法 |

| 村庄简易培训项目 | 技术含量低且工作量较大的项目 | + | 技术含量高的施工复杂项目 |

| 村民投工投劳 | → | 村民参与建设并按照当地工时费领取报酬 | → | 村集体作为甲方经议事程序选择合适的施工队伍进行施工建设 |

| 垃圾清理工作 | 房前屋后绿化 | 雨水沟渠修建 | 村庄河道整治 | 建筑建造 | 广场及公共空间绿化 | 燃气工程 | 外墙保温处理 | 粪污一体化工程 |

土关村多维共建体系

投工投劳：四清四化环境提升共建。土关村一开始进行村庄四清四化活动，村民认为事不关己，积极性不高。面对这样的问题，由党员开始率先对村庄的公共环境进行清扫处理，起到了带头示范作用，大家也纷纷加入垃圾清理的队伍中来，为村庄环境的整治贡献自己的一分力量。

党员带头清理　　群众共同清理　　群众共同清理

村民投工投劳

按劳取酬: 河道生态治理共建。 在开展河道集中清理的过程中, 由本村村民出工参与河道整治, 土关村利用专项整治资金, 根据每一位村民的工作量, 按照当地工时费用支付给每一位村民报酬。

| 河道清理 | 生态小道修建 | 生态小道修建 |

清理河道与修建生态小道

建设粪污一体化工程。 村庄现在几乎全是室外旱厕, 夏天臭, 冬天冷, 而且非常不卫生, 是村民生活条件提升的最大短板, 村民意见极大。但是, 土关村缺水且冬季寒冷, 普通生物膜技术的厕所和污水处理设施无法很好地工作, 而且运行成本高。面对这一问题, 规划团队和县政府广泛寻找适宜技术, 寻找满足青海气候条件、安装简单、运行费用低的使用厕所, 并不断与村民反馈信息。经大家多方考察, 发现四川拓谷农业科技有限公司的粪污一体化设施满足此需求。最后, 村集体作为甲方, 经全体村民大会讨论后决定选择这一套粪污一体化设施, 并决定在幸福院前小广场西北侧建设一个小公厕作为试用。

建设粪污一体化工程

（3）建设共管

建立公共账户监督机制。首先村集体设立共同缔造工作账户，村庄规划和建设项目由规划团队和村民共同确定内容，每一项建设工作施工前做好预算，由村民大会确定同意出具意见，再由实施理事会或合作社与监管委员会成员一起去采购原材料、确定村民出工的工作量，原材料经过验收入库，所有账目进行公示，每一位村民可提出异议并提请监管委员会进行查账。集体账目定期请审计人员审计。

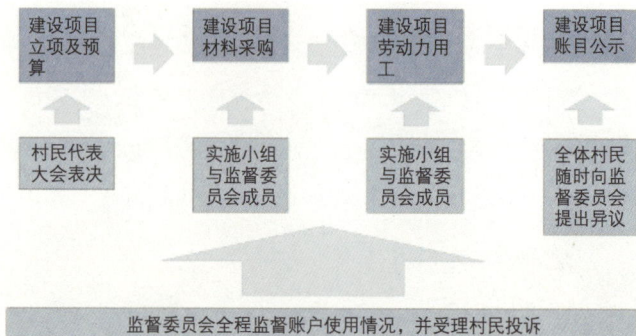

设立村庄公共账户

建立施工共管监督机制。土关村形成了三方共管监督机制，工程建设项目由县住房城乡建设局或者相关委办局提供技术管理，设计团队全程提供技术支持，全体村民及村民代表行使监督权，确保建设工程质量过关。

施工共管监督机制

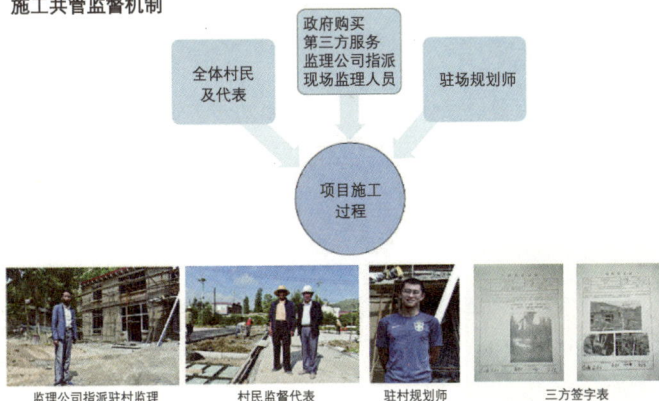

监理公司指派驻村监理　　村民监督代表　　驻村规划师　　三方签字表

设立村庄公共账户

实行党员分区监督共管。土关村把全村划分为四个区域，共选举出来8位党员，两人一组，分别负责区域内的房前屋后绿化、公共空间整治、村民垃圾清理、基础设施建设等内容，及时发现并提醒村民及相关责任人。

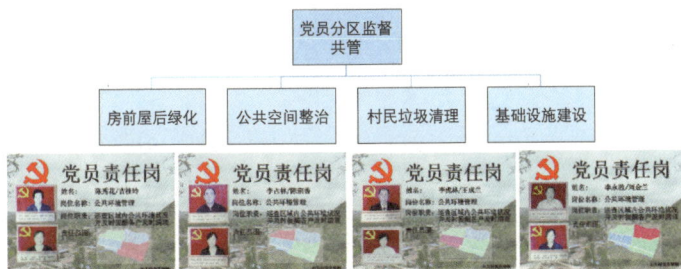

实行党员分区监督共管

（4）效果共评

好的村庄环境需要维护，规划团队和村民商议，决定建立"小手拉大手"的共同评价制度，用村庄中小学生来对每户屋里、院子和宅前屋后定期评价打分，全村进行评比，评比结果张榜公布，前 10 名进行奖励，后 10 名批评。前期由北京建筑大学提供卫生环境奖励基金，奖励先进，树立村庄爱护环境的正能量。经过一段时间后，即使没有奖励，村民形成自觉爱护环境的好习惯。同时，中小学生参与评价有几个好处。首先，锻炼了中小学生参与乡村管理的意识；其次，中小学生没有大人的人情世故，而且每个打分学生不打自己家的分数，评价比较公正。小朋友从小就形成爱护环境的意识，长大后还会是新一代爱护环境的好村民；小朋友也会在这种评价活动中，影响自己的家长更加爱护村庄环境。

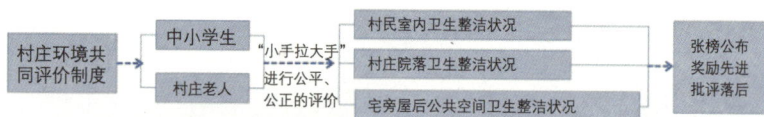

小手拉大手评价制度

（5）成果共享

通过村民共同出力，共同建设，提升村庄环境。现在，村庄已建成了幸福院前广场、休憩亭、生态小路等，村庄的环境得到了清理和美化，河道也得到了治理。

四清四化环境提升成果共享。村民开展四清四化环境提升工作后，村庄居住环境得到极大改善，村里的杂物不见了，放眼望去是干净整洁有序的道路和村民房前屋后的菜地和绿化生机盎然，用碎石修建成了挡土墙，小树枝修建成了菜园篱笆，既利用了现有的材料，又保存了村庄特色。村庄环境得到了美化，村民们建设的积极性也大大提高了。

村居环境改善

村庄绿化与河道生态治理成果共享。在经过村民共同对村庄绿化与河道生态进行治理后，原来散布着垃圾的河道现在已经清澈干净，两侧野花遍开，村民们现在常常来到生态小路上遛弯活动，观赏自然美景，也吸引了游客驻足拍照留念。河道整治与生态小路的建设成果得到了村民一致赞美。

村庄步道与河道整治成效

村委会前休憩亭改造成果共享。村委会前休憩亭在改造后座椅变宽并加上靠背，村民们现在能够在休憩亭内长久地停留交流，村内又多了一处农闲时候大家休息集聚的好去处，虽然只是处细微的提升，但是达到了很好的效果，村民对此赞不绝口。

修建好的公共空间成为村民聚会的好场所

通过共同缔造实现了村民精神面貌的转变，村民们的态度由消极应付转变成积极主动参与到乡村建设中来。在思想意识上，由原来的"等、靠、要"到现在合力共同缔造。从"不理解、不支持、不参与"转变为"我能干、我会干、我要干"。由原来的"不知情、不参与、不在乎"变为现在建言献策，当家做主。

土关村共同缔造工作开展前几乎没有召开过村民大会和村民代表会议，村民平时在一起相处的机会也很少。共同缔造工作开展之后，乡亲们在一起开了各类座谈会议、全体村民大会等不同形式的会议上百次，村民在一起劳动、一起植树，多了很多在一起聊天共事的机会。因为共同缔造的开展村里建起了"土关村村民之家微信群"，并使经常聚在一起看起了露天电影，邻里关系得到空前改善和增强。

（三）湖北省麻城市石桥垸村丁家寨湾共同缔造示范工作

1. 组织架构

石桥垸村构建了"纵向到底"以及"党建引领，多方协作的横向到边机制"的组织架构。

纵向到底：麻城市政府、阎家河镇政府成立共同缔造领导小组，负责共同缔造示范工作的领导和政策资金的落实。

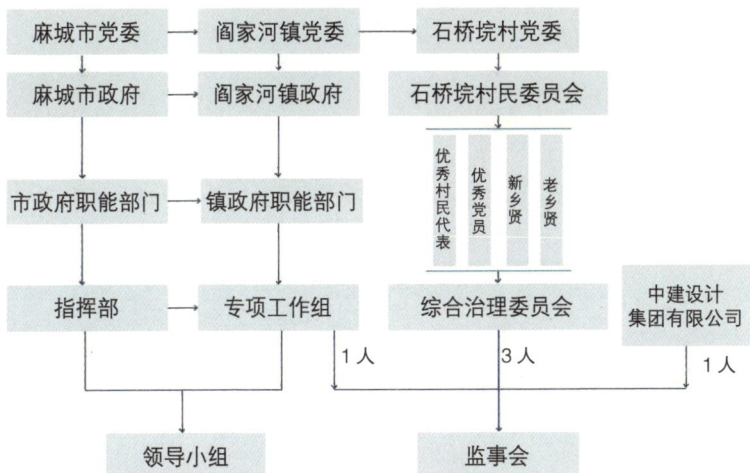

纵向到底示意图

　　党建引领，多方协作的横向到边机制：党建引领指中建党支部与石桥垸村联合成立共同缔造项目联合党支部，强化党在共同缔造项目中的全面领导作用。多方协作体现在联合党支部下设村庄综合治理委员会、监事会、水产合作社、油茶合作社、舞蹈协会、钓鱼协会等。

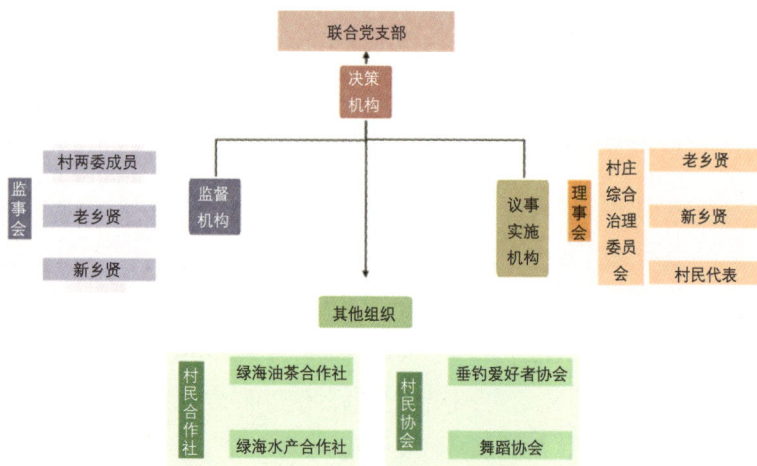

党建引领，多方协作的横向到边机制示意图

2. 共同缔造项目

　　通过村民议事商讨，确定共同缔造项目包括以下内容。

共同缔造项目

项目分类		项目名称
一、农村人居环境整治重点任务	"四清"整治	垃圾、杂物、残垣断壁、庭院
		垃圾分类点建设
	污水工程	污水处理设备
		污水管网
	池塘治理	池塘治理
	给水工程	给水管网

续表

项目分类		项目名称
	道路铺设	村庄道路修正
		路灯
	公厕和农房建设	公厕建设
		住房风貌改造
	景观提升	房前屋后美化、绿化
		新建景观节点
		百姓大舞台环境提升
		宣传栏、标语
二、其他工程		燃气工程
		电商

3. 美好环境与幸福生活共同缔造

（1）决策共谋

丁家寨湾探索了"党建引领，多方协作，村民为行动主体"的共谋协作机制。共有"征集—商讨—公示—修改—反馈—表决"六个步骤。村民可向综合治理委员会反馈需求，综合治理委员会、村两委与规划团队共同商讨实施方案后向村民公示行动方案征求意见，方案公示采取集中公示和以流动工作站询问村民意见等形式，根据意见经过反复修改后反馈给村民，最终经村民大会确定最终方案，最终方案提交给领导小组。领导小组责成相关责任局给予政策和资金支持。村两委、综治委和规划团队形成完整方案后由综治委发动全体村民实施。

规划方案制定： 规划团队在细致调研的基础上，多次访谈村民、村企和村委，提出了规划方案给村民代表大会，着重对村民比较关心的给水工程和污水工程的方案进行了讨论，经过为期一个月的公示、讲解、协调和调整后，最终的规划方案得到了村民的一致认可。

产业发展：规划团队计划为村庄引进蘑菇生产、木屋旅游等产业，在与村民的讨论中，发现存在污染环境、土地指标难以到位等实际问题，最终经过村民代表大会讨论，明确了丁家寨湾发展农业＋旅游的产业发展方向，确定了坚决不破坏生态和坚守基本农田的原则。

优先解决的问题决策：中建与村两委、综治委共同研究制定了四清计划，确定了拆除村民私搭乱建的具体建筑和构筑物，以综合治理委七位村民带头拆除自家厕所和厨房为先导，引导说服村民累计拆除危房 3 处，残垣断壁 4 处，旱厕 60 余处，圈舍 15 处；拆除工作涉及村户 60 余户。村容村貌发生根本转变，"四清"工作取得显著成效。

村民大会表决

向村民介绍方案

流动工作站征求村民意见

建设方案公示

（2）发展共建

在综治委的统一协调下，村民可以主动参加村庄的所有整治建设项目：一是四清工作项目，在四清工作中实行三不补原则，即"拆除不补""占地不补""用工不补"；二是绿化工程、小广场建设以及公共厕所、民宅建设等技术要求低的项目以村民参与为主，按照工时给予一定的补偿；三是池塘和污水治理工程等技术含量较高的项目，以综治委按照程序确定的施工队为主，村民参与为辅。

化解多年矛盾：在"四清"活动中，综治委和规划团队多次劝说，最后相邻两家村民丁某波和丁某卫化解矛盾，各让了一部分宅基地，清理了破旧房屋，修出了石桥垸村的"六尺巷"，村民曾告诉规划团队说，"共同缔造"了3天，就破解了他们十多年的矛盾。

拆除旧厨房，建设新乐园：为谋求村民利益，综治委七位成员连着半个月轮流做工作，终于说服村民丁某将位于村内重要丁字路口一侧且早已废弃闲置的小厨房拆除，中建的设计师结合现状条件，设计了一个小的儿童乐园，供儿童娱乐，玩耍，取名"半亩园"。

拆除小厨房　　　　　　　儿童参与儿童乐园建设

共建公厕，提高施工水平：综治委成员曾某举主动让出自己家的宅基地用于公共厕所的建设，并由有一技之长的村民带动其他村民一起建设。针对施工队认图不准、施工有偏差的问题，规划团队及时制定课程对建设公厕的"草台班子"进行了建筑识图培训、施工培训等，保证了施工顺利完成，也提高了施工队的施工水平。

建筑识图培训

新建示范样板农房：村民丁某锋从家里听说这次共同缔造示范项目后，特意从上海赶回来，主动提供自己家宅基地，愿意为大家提供一个新建乡村住宅的示范样板，并多次与规划团队沟通调整方案，表示非常满意，目前主体已建设完工。

（3）建设共管

共同缔造过程中，丁家寨湾建立了公共环境长效维护机制、垃圾分类长效机制以及公共账户监管机制三种机制，由综合治理委员会和监事会负责。

公共环境长效维护机制：以"党员带头认领，农户门前三包"的共管机制为主。公共区域党员带头认领监督维护，宅前屋后农户"包卫生、包环境、包维护"。同时根据三个村民小组的具体情况划分三个责任分区由各组负责。在实际情况中，规划团队和村民就地取材用木桩和灰砖在村民门前刚刚围建起花坛，村民就积极地自己栽上了植物或者种上了菜，绿化了环境，美化了家园。

村民维护门前环境　　　　划定责任分区

垃圾分类长效机制：共青团麻城市团委志愿者和规划团队上门对村民挨个培训，确保每个村民熟悉垃圾分类方法，并建立"三张卡"积分制的长效机制，综治委定期对各户垃圾分类进行检查，检查合格后发给相应的积分卡，村民集齐积分卡可换取相应的商品。

垃圾分类讲解

公共账户监管机制：监事会负责公共账户的监督，并在村庄内公示栏公示每一项行动的进账和支出，做到公开、公正接受村民监督。

（4）效果共评

在共同缔造行动中综治委分别评比出四清工作标兵、垃圾分类合格家庭、环境维护优秀家庭，并对各村民小组卫生情况进行评比，实行流动红旗制。其中四清工作标兵由综治委投票选出，除了奖励以外，在以后的村庄建设中优先给予用工机会与酬劳。垃圾分类的"三张卡"积分制中"三张卡"分别为垃圾分类学习合格证、垃圾分类合格证、净化房前屋后合格证，由综治委定期检查，发给相应的合格证，村民集齐三张卡即为垃圾分类合格家庭。环境维护优秀家庭和优秀组也由综治委选出公示给予一定的奖励。

村民小组卫生评比

垃圾分类评比

（5）成果共享

新增的自治组织和新建的环境为村民的生活提供了极大的便利。共同缔造的开展改变了村庄的治理结构，综合治理委员会的威望大大提高，打通了村民向上反馈意见的路径，极大地调动了村民参与村庄建设的积极性。同时改变了村庄的环境，提升了景观，增添了村民休憩空间，并破解了多年的邻里矛盾。

新建设完成的小广场深受村民和孩子们的喜爱，弥补了村庄内缺少儿童活动场地的遗憾。孩子们在草地上躺着趴着嬉戏，互相争夺秋千，排队等候滑梯，一片欢声笑语。

儿童在草地上嬉戏

孩子们争抢秋千

四清工作使得村庄的公共环境得到了大大的提升，村民更愿意走出家门在公共空间交流、歇息。村民主动在"门前三包"基础上持续投入精力和资金维护门前的区域。

改造前的公共空间

改造后的公共空间

（四）湖北省红安县柏林寺村共同缔造示范工作

1. 组织架构

柏林村建立了推进共同缔造的"1+4N"的组织机制。"1"是村两委班子，"4N"包括村组理事会、村经济合作社、专项责任组和村落事务监事会；专项责任组下设村落环境整治与卫生评比组、村落公共设施管理和老年关爱组两个小组；村落事务监事会下设村庄建设财务监督小组和村庄施工质量安全管理小组。

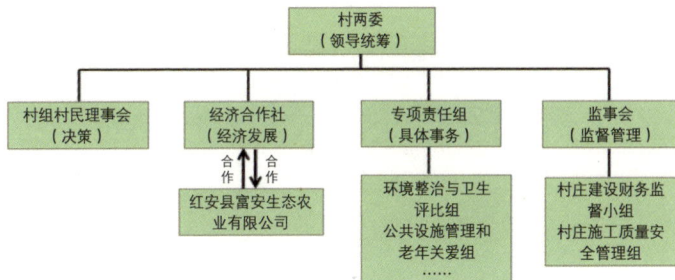

柏林寺村共同缔造组织架构

2. 共同缔造项目

通过村民议事商讨，确定共同缔造项目包括以下内容。

共同缔造项目

大塘黄格项目			
序号	项目名称	序号	项目名称
1	入口古柏树节点改造	10	露天垃圾池改造
2	各家各户房前屋后改造	11	村史馆前驳岸改造
3	污水沟景观改造	12	大广场排水系统改造
4	连户污水处理设施（10户）	13	大广场改造
5	古井改造	14	公厕化粪池改造及蓄水花坛建设
6	明渠环境整治及末端污水处理设施建设	15	村口休息柏树改造
7	打米房广场改造	16	农户厕所、化粪池改造（10户）
8	连户污水处理设施（7户）及明渠修整	17	水泥台改造
9	打米房后池塘改造		

聂家坳项目			
序号	项目名称	序号	项目名称
1	聂家坳广场改造	4	公厕修缮
2	露天垃圾池改造	5	污水干管和末端处理设施
3	各家各户房前屋后改造	6	连户污水处理设施（5户）

3. 美好环境与幸福生活共同缔造

（1）决策共谋

巧换交流符号，引导村民共谋。工作开展初期，工作组苦于无法听懂村民的方言，交流十分不畅。为此，村两委、理事会和工作组在村民活动广场张贴大幅村庄航拍图片，让村民用红、蓝色的大头钉标示喜欢和不喜欢的地方。图纸直观地反映出污水沟、未完成的公共厕所等地区村民普遍不满意的地方，快速简便地反映了村庄问题，也让工作组初步确定了后续的工作重点。

工作组与村民进行交流

村民标注的不满意地点

　　搭建信息平台，支持村民共谋。柏林寺村村民大量外出打工，即使是住在村里的村民平时也要外出打工，村内要开一次村民代表大会颇为不易。为此，工作组设立了"柏林寺之声"微信公众号和微信群，发布村内的大情小事，引导大家在微信群上讨论发展意愿，协商问题解决方法，只在需要村民表决时才召开村民代表大会。村民们直夸这个办法好。

　　"慢一点"表态，推动村民共谋。为了让村民具有更多的主人翁意识，工作组内部强调要"采取慢一点表达意见"的工作方法。对于村民要求的建设风格要"洋气"，不能太"土气"等意见也不急于表态，而是带村民去郝塘村、苍葭冲村等村落参观，当场就有村民表示"房子建设要能反映乡村特点，不能太城市化"。这种"慢一点"的工作方式反而激发了村民的主人翁意识，大塘黄格湾理事会和聂家坳理事会组织村民自行讨论出 20 多条村落环境改善意见，这些意见有些与规划设想不谋而合，有些提的更接地气，真正反映了村民的实际需要。

理事会讨论村庄规划方案　　　　　　理事会讨论水塘方案

确立乡贤向导，带领村民共谋。乡贤是村庄的意见领袖，其言论和行动对其他村民有极强的导向性。为了树立带头示范的典型，驻村工作组请村两委、理事会积极联络在外乡贤，通过邀请乡贤加入微信群、邀请乡贤回村开座谈会等方式，为村庄发展出谋划策，他们成为村民共谋的"领头羊"。在"党群共建、乡村振兴"为主题的在外乡贤回村研讨会上，华中科技大学刘教授就提出了"如何发展生态农业、形成柏林寺村的农业品牌"等想法，得到村民的热情呼应。目前，村民正在积极讨论如何组建生态农业合作社等问题。

（2）发展共建

调解家庭分歧，维护个体积极性。对于村庄简易项目，发动村民自己动手建设。村民黄焱平家的庭院窄小老旧，家庭成员都想做些改变，但意见不同。妻子想种花草，母亲要种蔬菜，黄焱平怕影响停放农机，父亲则不希望多花钱。为了维护村民个体建设的积极性，驻村工作组主动上门协调意见，最终确定了利用废旧轮胎和矿水水瓶种植当地特色花草和蔬菜"混搭上墙"的方案，满足了全家人的要求，既达到了绿化美化的效果，花费又很少。

村民绘制的设计图纸 最终确定的设计图纸

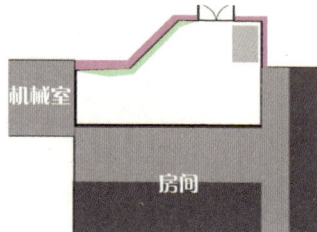

村民绘制的与最终确定的设计图纸

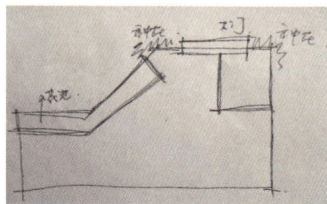

加强邻里合作，连户分摊成本。柏林寺村处于丘陵地区，村内农户房屋布局紧凑，户与户之间场地局促，不少农户家中或者无法安排化粪池，或者化粪池建设不规范，造成村内污水乱排、污染水塘。村民为此多有怨言，甚至产生不少邻里矛盾。为此，技术团队邀请相关村民坐在一起讨论，协商出了以 4 ~ 5 户为单位联合共建化粪池的方案，创造性地解决了问题。

讨论化粪池建设位置

建立协商机制，鼓励互助奉献。过去，村内公共事务缺乏组织协商机制，村两委工作推动费力。理事会组建后，村内公共性事务终于有了组织协商的推动者。尤其在有了微信群等村情交流渠道之后，村民的小奉献慢慢演化为大奉献。聂家坳的村民希望建设一处公共活动场地，其中两户村民需要搬迁老宅。为了全体村民的愿望能落地，村民廖某华捐出了老宅宅基地。村民聂某周无儿无女，老宅是其唯一住宅，为了支持村内工作，也自愿让出老宅，将家具搬至村庄的老人集中居住点。搬家当天进入伏天，村理事会和村民纷纷主动帮忙，还有从县城赶回的村民带着西瓜等水果前来慰问。

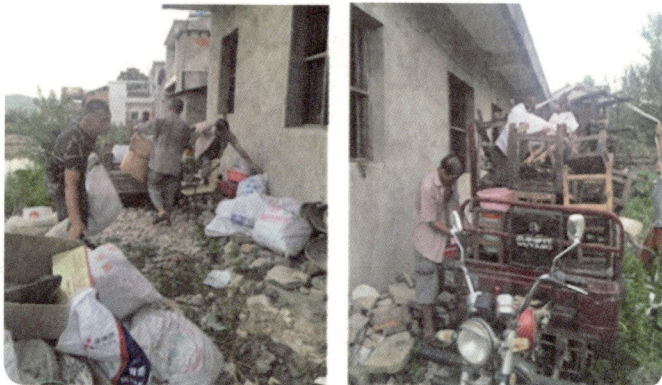

村民共建捐出住宅

组建村施工队，组织村民投工投劳。过去，柏林寺村的工程都由政府施工，村民对施工过程和施工质量心中无数，如果工程出现质量问题，村民也只能私下议论、束手无策。共同缔造工作开展后，目前村内由几位有较多施工经验的村民领头，组建了村内自己的施工队。村民自己画草图，并且非常认真地和驻村工作组一起商量工程施工的技术要求和施工方式。参与施工队的村民纷纷表示："以前村里工程做得好赖我们都参与不了，现在我们自己做自己村的工程，一定能保障工程质量，请大家放心。"

（3）建设共管

建制村规民约，共管环境卫生。共同缔造工作开展后，村内发起了"四清"行动,人居环境大幅改善。为了能将"四清"工作成果彻底稳固下来,村委和理事会组织村民讨论,划定了村落公共环境责任分区,每位理事会成员负责一个环境责任区的"四清"工作。同时,村内召开村民代表大会,讨论形成了《环境卫生及绿化责任分区评比办法》,明确村民自觉管理房前屋后的卫生环境,并确定了村内卫生评比的奖惩制度。

责任片区划定　　　　　　清洁片区卫生

监督财务收支,共管资金安全。共同缔造工作开展后,村内成立了财务监督小组,小组成员包括七里坪镇村镇管理所工作人员、柏林寺村村委成员、大塘黄格湾(聂家坳)村民理事会分管理事、县第三方造价公司审计人员。财务监督小组负责管理和监督村内公共资金使用,所有资金拨付的关键环节,均需小组四位成员签字方能执行。项目工程开工前的资金估算和施工完成后的资金结算,均需由财务监督小组四位成员共同完成,并将相关财务情况在村内予以公示。

严格监管流程,共管施工质量。村内成立了施工质量安全监督小组,小组成员包括七里坪镇村镇管理所、柏林寺村村委会、大塘黄格湾(聂家坳)村民理事会分管理事、村委会外聘施工技术管理人员。施工治理安全监督小组兼有施工技术员和工程监理的双重责任。村内工程的每一个关键环节，均需由施工质量小组人员到场监督确认并集体签字，方能进入下一施工环节。

（4）效果共评

柏林寺村建立了事先明确评比内容与细则，事中组织以小朋友和理事会成员为主的评定团认真评比，事后张榜公布成绩并给予物质奖励的共评机制方法。

共同缔造工作开展后，村两委和理事会在村内发布了村内卫生环境评比标准，建立了每月一次的评比制度，确立了奖惩办法。村落的第一卫生评审员由经过"四点半"课堂培训的20多个小孩子组成，孩子们评分很认真，最后总结出了庭院内杂草丛生、柴火等杂物堆放无条理、庭院鸡禽粪便未清理、积水泛绿等十大环境卫生问题，并将其作为下次评比整改的核心内容，评选出 10 个卫生文明户在村内张榜公示并发放了奖励。

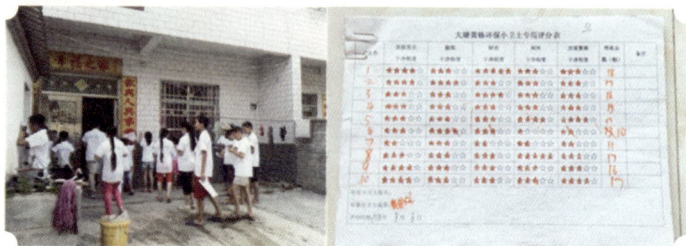

项目评比　　　　　　　　　　　结果公示

（5）成果共享

文体丰富，共享整洁活动场地。村史馆建成后，成为村民们休闲娱乐的好去处，村民自发捐献了老物件，搬来了自家闲置的桌椅，乡贤也捐钱购买了一些新家具。现在，村史馆成为村民最喜欢的活动场所，茶余饭后相约到这里跳广场舞，还成立了业余舞蹈队；不会用智能手机的老人也可以在"亲人见面角"通过电脑与在外工作的子女视频通话；暑期课堂的教学点也选在这里。干净舒适的环境让村民们真心感受到共同缔造的成果。

村史馆内跳舞活动　　　　　　　村史馆内学习活动

乡风文明，共享养老敬老服务。理事会成立后，提出了"弘扬尊老、互助养老"的想法，商议成立了村庄公共设施管理与关爱老人小组，将村史馆的一部分空间改造成亲人见面角，还将另一间房屋改造为老年食堂，计划面向全村所有 65 岁以上的空巢老人提供敬老餐。村理事会设立公共账户，村两委及理事会号召在外工作的年轻一代定期捐赠资金作为食堂运营的辅助资金，留守村里的年轻人可赠送肉类、蛋类、瓜果、蔬菜等，把尊老落到实际行动上，让村里的老人老有所养、老有所依。

人居环境改善

房前屋后环境提升

　　村容整洁，共享和谐美丽家园。从村落"四清"工作开展，到村民划定责任自觉维护村内环境卫生后，村里的房前屋后垃圾得到及时清理，村内绿化得到极大改善，村民们感到身心愉悦，纷纷表示共同缔造成果显著。

　　邻里和谐，共享友善帮扶之乐。过去由于缺乏群体活动的支持，村民之间感情维系较淡，邻里之间沟通交流机制不畅，经常因为占地互不相让而大打出手，或乱丢垃圾不管不顾；以前暑假，在外打工父母的小孩不回村，今年因为四年半课堂，家长认为孩子能学到东西，培养好的学习习惯，都送回来了；在村两委和理事会组织的一系列群体活动基础上，村民们互相串门、交流日益增多，日常交流还转移到线上，从家长里短的闲聊，到讨论村里发展，村民的凝聚力越来越强，邻里关系也更和善，联户污水设施的改造也靠着四户农家互相礼让才得以进行。

四点半课堂

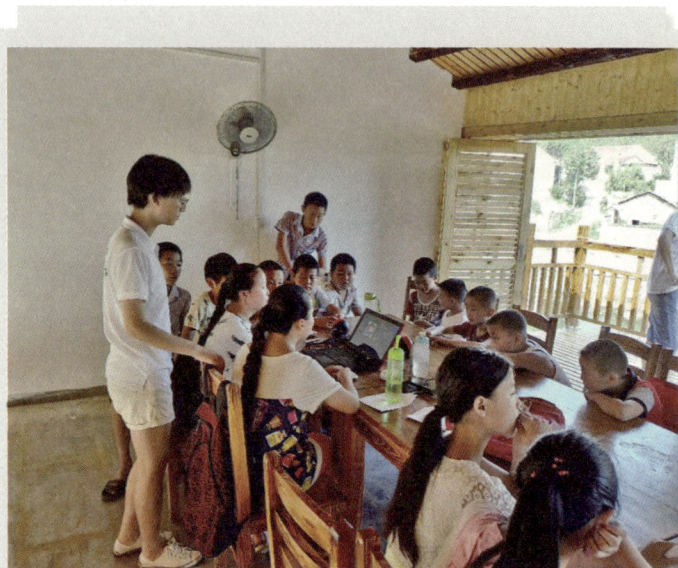

融洽的邻里氛围